AF310714

ROUSSEAU

AU

TEMPLE DE MÉMOIRE,

OU

MÉMORANDUM SUR LE CITOYEN DE GENÈVE,

A L'OCCASION DE SA STATUE.

L'antiquité plaçait les bienfaiteurs de l'humanité au rang des Demi-Dieux, Rome en fit des Saints, Genève les révère au Temple de Mémoire.

GENÈVE,

CHEZ D. DUNANT, LIBRAIRE-ÉDITEUR,

ET AGENT D'ENTREPRISES RELATIVES A LA LITTÉRATURE
ET AUX BEAUX-ARTS.

1833.

AVANT-PROPOS.

IL a paru, dernièrement, une brochure, dans laquelle l'auteur examine s'il lui est permis, comme chrétien, de souscrire pour la statue que l'on se propose d'élever, à Genève, à notre grand concitoyen, J. J. Rousseau.

On a publié et l'on publiera, dans cette circonstance, beaucoup d'autres écrits, pour et contre lui. Je prends la plume impartialement, comme s'il n'en existait aucun et dans l'ignorance de leur contenu : que mes lecteurs sachent donc que je ne réponds ni ne jette le gand à personne en particulier. C'est le seul moyen de réfuter, en même temps, les uns et d'appuyer les autres, sans acception de personnes et sans animosité, dans le seul intérêt de la vérité et de la justice. Chacun faisant usage de ses lumières et de son jugement, les découvrira facilement et en acquerra une conviction plus solide. Le public imitera les juges, qui ayant à prononcer sur un procès, appuyent leur jugement sur les pièces et non sur la plaidoirie, qui a plus d'intérêt, d'ordinaire, pour l'auditoire dont elle agite les passions ou, s'il n'est qu'impartial, qu'elle amuse, que pour le tribunal. J'ai par cette raison donné à cet ouvrage une forme qui n'est point régulièrement oratoire : C'est un simple répertoire de faits historiques à consulter, par ceux dont l'opinion est incertaine sur les titres de Rousseau à l'immortalité et la nécessité de lui élever un monument public dans sa patrie.

Ce géant de la philosophie moderne ne doit point être jugé au microscope des théologiens, qu'une simple vocation sociale et non le génie honore de ce titre, ni des esprits à courtes vues ; encore moins, par des ames timorées ou des cœurs corrompus. Pour s'élever jusqu'à lui et apprécier sa grandeur, il faut se servir, comme pour mesurer les astres, et connaître les phénomènes célestes les plus compliqués et qui sont incompréhensibles au vulgaire, du télescope de Hertchell et du génie de Newton ; il faut être l'élève de la nature et avoir le cœur et la conscience

Aux Syndics et Conseils de la République et Canton de Genève.

Honorables Magistrats & Législateurs de la Patrie !

C'est vous qui présidez l'auguste tribunal de l'opinion publique, rectifiée d'après les sages inspirations de Minerve, et qui tenez le légitime sceptre de la volonté générale, réfléchie dans l'incorruptible miroir de Thémis.

Telle est votre noble et unique prérogative, dans une république.

Voici une grande et mémorable occasion de déployer, pour le triomphe des lumières, le beau caractère qui vous honore. L'Europe, le monde intellectuel entier, vont avoir les yeux fixés sur votre décision. Elèverons-nous un monument public à la mémoire de ROUSSEAU, le plus illustre de nos Concitoyens et peut-être le plus grand génie des siècles modernes ?

Rappelez-vous, Magistrats et Législateurs, que le burin de l'Histoire est là, et qu'il est inexorable : il inscrit vos actes au temple de Mémoire ou les ensevelit à jamais dans les ténèbres; s'ils sont injustes, il les mentionne deshonorablement, ce qui est pire que son silence. Les passions humaines des contemporains peuvent bien, momentanément, en fléchir la sévérité, mais la postérité n'a pas de passions, lorsqu'il s'agit de porter un jugement sur le passé : la vérité, la justice, innées dans le cœur de l'homme, font alors entendre leur inflexible voix.

L'opinion publique et la volonté générale se prononcent : hésiteriez-vous ? S'il en était ainsi ; si vous aviez besoin d'être éclairés, pour leur donner votre légale approbation, je vous dédie et vous soumets cet ouvrage, comme un Recueil de faits à consulter. Votre sanction, basée sur les conseils de la sagesse et les décisions de Thémis, fera, comme la tête de Méduse, rentrer la pâle envie dans le néant, et triompher la vérité et la justice.

Oui ! honorables Pères de la patrie, qui lui consacrez si dignement vos talens et vos veilles, vous accorderez au vœu public, l'Isle des Barques ou la place de Neuve, pour y placer le monument que les Genevois veulent élever aux mânes de Rousseau. Vous illustrerez ainsi, dans nos Annales, vos noms, et honorerez l'époque glorieuse de votre administration.

Dans cette persuasion, recevez, dignes Magistrats et Législateurs éclairés, l'hommage et l'assusurance du dévouement de

Votre très-humble serviteur et concitoyen,

D. DUNANT.

purs. C'est ainsi qu'il s'éleva lui-même, des profondeurs de la philosophie jusqu'aux flots de lumière qui émanent les intelligences célestes, pour en faire rejaillir quelques reflets sur la terre.

En vain l'envie, au teint livide, dans sa rage impuissante, renouvelle ses honteuses attaques contre un colosse, dont la renommée grandira dans les siècles à venir. Les bienfaits de Rousseau envers l'humanité plus durables que le marbre et le bronze, n'ont pas besoin du ciseau de Phidias ni du burin de Clio, pour passer à la postérité la plus reculée : *ils peuvent braver les traits mordans de ses détracteurs* et l'injustice de tous ceux dont l'intelligence trop bornée ne peut l'apprécier ou qui ne voyent en lui que le mortel, que les faiblesses humaines ont, comme un autre, quelquefois égaré.

Ils s'appuyent sur ce fait pour l'avilir, comme si la preuve qu'il n'eut aucun privilége humain sur ses semblables ; qu'il eut même des inclinations très-vicieuses et de fortes tentations à combattre, quelquefois sans succès, n'ajoutait pas évidemment des fleurons à l'élévation de son génie, à sa couronne de gloire, en attestant qu'il dut tout à lui-même.

La nature permet le mal à côté du bien. Celui-ci est au moral son ouvrage, le premier n'est en général que le nôtre ou celui des vices sociaux. Si elle a placé des inclinations vicieuses dans nos cœurs, elle nous a aussi doués d'une intelligence suffisante et d'une conscience incorruptible, pour discerner le bien du mal et pratiquer la vertu; c'est en quoi consiste notre libre arbitre, qui est une conséquence nécessaire et l'une des preuves les plus convainquantes de la vie à venir et de l'immortalité de l'ame. Le systême des peines et des récompenses dans l'éternité n'a pas d'autre base, et il est lui-même une nécessité de la justice divine, qui est une des perfections que la contemplation de la nature et les méditations de la philosophie sur l'essence spirituelle de l'homme, nous obligent de reconnaître dans l'Être Suprême. Il ne pouvait nous créer doués de facultés morales, sans nous en permettre le libre usage qui est le plus bel attribut de notre ame.

L'ordre physique qui régit l'univers est immuable, tandis que l'ordre moral, quoiqu'il aît aussi ses lois certaines, est soumis à l'arbitraire des caprices humains. Voilà pourquoi nous voyons une si grande régularité dans le mouvement des astres, dans la succession des saisons, des jours et des nuits, et si peu dans les croyances religieuses et les opinions philosophiques; une si grande, dans les combinaisons chimiques et si peu dans les constitutions politiques; une si grande, dans l'organisation corporelle des animaux et de l'homme et si peu dans ses inclinations, l'usage qu'il fait de ses facultés spirituelles et sa conduite privée. La fixité des lois physiques a facilité leur découverte et en permet aux esprits les moins subtils la vérification, tandis que les Sages de l'antiquité, l'Évangile et Rousseau nous ont seuls révélés ou dévoilés les principes de l'ordre moral ; si l'homme faisait un véritable et noble usage de sa raison et de sa conscience il en apprécierait généralement et invariablement les fruits.

Il n'y a que des hommes très-rapprochés de la nature qui y restent invariablement attachés; mais plus ils seront généralement éclairés plus il s'y soumettront; en attendant l'influence des vices introduits dans la société et les passions, les mettent en combat perpétuel avec la vertu et les engagent à méconnaître ou à combattre les fanaux qu'ils ne devraient jamais perdre de vue.

Indépendamment de la raison et de la conscience, il est un autre avantage, pour celui qui le possède, qui décide la victoire de l'homme sur les tentations de Satan; c'est l'éducation. Lorsqu'elle est libérale, c'est-à-dire, bien dirigée, elle développe nos facultés spirituelles, éclaire notre jugement et purifie nos sentimens; elle sert ainsi dans les ames bien nées à combattre, rectifier et surmonter victorieusement nos mauvais penchans.

L'imperfection de son éducation et les vices que son génie naturel lui fit reconnaître, plus ou moins, dans toutes, firent sentir à Rousseau la nécessité d'une réforme : il composa l'*Emile*. L'imperfection des institutions sociales l'engagèrent de même à publier le *Contrat Social*.

Notre illustre Concitoyen fut également l'enfant chéri et disgracié de la nature, dont il n'abandonna jamais, en bien et en mal, les bannières. Son éducation négligée, au lieu d'ajouter à ses dons naturels, favorisa plutôt ses mauvais penchans et la tendance du libre arbitre vers le mal, ce qui arrive même à ceux qui reçoivent une éducation mondaine ou imparfaite, lorsqu'ils sont fortement enracinés: il fut donc également poussé par la nature dans les extrêmes de la vertu, et par la société, dans les séductions vicieuses. Il eut en partage les qualités natives les plus précieuses et le cœur le plus pur, et à combattre des inclinations perverses, développées par une demi ou fausse éducation et renforcées par les vices sociaux; mais, si, lancé au milieu de la démoralisation générale qui fut pour lui une contradiction et un piége inévitable, l'élève de la nature s'égara dans les routes faciles et fleuries du vice, croyant s'élever dans le sentier escarpé et aride de la vertu, ses erreurs et ses fautes disparaissent comme un grain de sable, aux yeux de quiconque peut mesurer la hauteur de ce colosse intellectuel.

Comme le monument que les Genevois se proposent d'élever à Rousseau est une affaire de sentiment, un témoignage de gratitude et une juste réparation de l'injure qu'ils ont faite à sa mémoire en laissant détruire sa maison, il est essentiel d'éclairer sur sa grandeur réelle et ses incontestables titres à cet hommage national, ceux d'entr'eux que la crainte de compromettre leurs principes religieux et leur louable attachement à la morale, pourraient détourner de l'intention de souscrire, par ignorance ou prévention.

C'est dans ce but et non dans celui de provoquer une discussion inutile, que je publie ces *Fragmens*, extraits en partie de deux ouvrages que je n'ai point composés à ce sujet. L'un, intitulé *Coup d'œil sur l'industrie genevoise*, a été publié dans les premiers jours du mois de Juin dernier, à l'occasion de l'exposition publique de ses produits, et, par conséquent, plus d'un mois avant que l'on ait fait le premier appel aux Genevois, pour souscrire à la statue de Rousseau. L'autre, *Genève ancienne et moderne* ou le *Miroir de la vérité*, est inédit; il paraîtra sous peu. Son but est de provoquer une double et indispensable restauration, morale et industrielle, au milieu de nous.

Me défiant de mes propres lumières, j'ai aussi mis à contribution divers auteurs d'un mérite très-distingué, et, dans un *Appendice*, je prouve que Rousseau était chrétien, par des citations tirées de ses propres ouvrages; je crois que c'est le meilleur moyen de convaincre ceux qui en doutent.

Un génie aussi profond ne pouvait être chrétien avec une foi aveugle, mais il l'est par conviction, après un examen approfondi des dogmes et de la morale de l'Evangile, ce qu'il pensait être plus digne de la philosophie et des facultés de l'esprit humain. Ses détracteurs se prévalent des objections qu'il fait contre le Christianisme, afin d'éclairer et de motiver son jugement, dont il rend compte; mais ils oublient que pour bien juger il faut examiner le pour et le contre, d'où résultent des considérans. Il y a donc de la mauvaise foi à conclure d'après le contre lorsque lui-même a conclu, *en résumé*, d'après le pour, comme on verra que cela est évident.

L'on voudra bien remarquer que c'est pour nous et non pour Rousseau, que je veux préserver ses Concitoyens du malheur de méconnaître le rang distingué qu'il occupe au temple de Mémoire, et que je me suis décidé à faire imprimer ce Recueil : il n'a pas besoin d'apologistes. Je déclare, en conséquence, que je ne reprendrai pas la plume contre ceux qui l'attaqueront à l'avenir : je suis trop indigne de ce grand homme, pour le défendre, *s'il en avait besoin*, et trop son disciple, pour disputer. « Mon ami, dit-il à son élève (*Emile*; Tome III, pag. 178; édit. 1762), ne disputez jamais ; car on n'éclaire par la dispute ni soi, ni les autres. »

Si c'est moi ou quelques unes de mes opinions que l'on attaque, dans cette occasion ou dans toute autre, je déclare que mes intentions étant pures on peut le faire à ses périls et risques; ayant pour principe de dire franchement et sous l'empire d'aucune influence ce que je pense, je trouve bon que chacun en fasse autant : la vérité reste ainsi naturellement au fond du creuset. Il n'y a pas d'incertitude à l'égard de Rousseau, *invidia edax et turpis frustrà aggressiones renovat, immotus et maximus per secula stabit.*

Genève, ô ma patrie! ne cesse de t'énorgueillir d'avoir vu naître dans ton sein cet immortel génie; quoique déjà si illustre sous tant de rapports, c'est peut-être ton titre le plus certain, le plus solide pour inscrire ton nom au temple de Mémoire : Rousseau ne fut ni le chef d'une secte religieuse ni le coryphée d'une classe de philosophes. Il sera toujours admiré, dans tous les siècles, par tous les mortels quels que soient leurs dogmes religieux et leurs doctrines philosophiques, parce qu'il fut l'élève de la seule nature qui est une et impérissable et qu'elle l'initia dans les immuables vérités de l'ordre moral, si fort altérées par le libre arbitre humain; parce qu'il fut pieux et Chrétien, par conviction et sans influence humaine; parce qu'il n'est ni le pontife, ni le législateur d'un seul peuple, mais un fanal religieux et politique pour tous, lorsqu'ils voudront raviver leurs institutions dégradées par les passions humaines, au flambeau d'un culte digne de l'homme et à celui de la véritable liberté politique.

Genève, tu peux cesser d'exister et ton tour arrivera....; tel est le sort des peuples comme celui des simples Citoyens; mais ton nom ne périra jamais : *tu as vu naître Rousseau!* La Grèce, qui a tant de titres à l'immortalité, n'eût-elle que celui d'avoir donné le jour au divin Socrate, ce titre suffirait à sa gloire. O ma patrie! l'anarchie a bien pu te déshonorer; le despotisme, t'avilir; l'ancienne République, elle-même, *passer*, comme celles de la Grèce; mais ton nom ne passera pas et l'on viendra à jamais sur tes ruines, chercher l'ombre de Rousseau, comme l'on va admirer, à Athènes et à Rome, celles de leur antique splendeur : *immotus et maximus per secula stabit!*

ROUSSEAU

AU

TEMPLE DE MÉMOIRE.

Le nom seul de cet éloquent écrivain fait pâlir la tyrannie et rugir le fanatisme. Honneur !! mille fois honneur au philosophe du siècle dernier qui apprit le mieux à l'homme ce qu'il fut, ce qu'il est et ce qu'il devrait être.
Miroir de la Vérité.

PREMIER FRAGMENT.

Il est généralement reconnu qu'aucune ville, relativement à sa population, n'a produit un aussi grand nombre d'hommes célèbres que Genève; un seul, le plus illustre des philosophes modernes, J. J. ROUSSEAU, suffirait pour l'immortaliser.

« C'est la liberté, mère du génie, dit Senebier,
« (*Histoire littéraire*) qui fit fleurir de bonne heu-
« re les sciences, les arts et le commerce, dans no-
« tre patrie. C'est elle qui réveille l'activité, inspire
« les talens et répand ce feu créateur, qui féconde
« le sol le plus aride et dévoue celui qu'elle aban-
« donne à la stérilité et à la mort. Les républiques
« grecques virent naître les beaux génies dont nous
« admirons les chefs-d'œuvre, tandis que les mêmes
« lieux, qui sont les plus favorisés de la nature,
« ayant passé sous le despotisme des Turcs, n'offri-
« rent plus qu'un peuple ignorant, esclave et peu
« nombreux. »

IIme FRAGMENT.

L'Edit *de médiation* qui mit fin, en 1734, aux troubles politiques de Genève, assura le pouvoir des Magistrats et satisfit en partie les vœux du peuple; mais on omit de statuer sur plusieurs points essentiels, ce qui causa, par la suite, de nouveaux troubles. Cependant la médiation de la France et des Cantons de Berne et de Zurich fut suivie de plusieurs années de tranquillité et de bonheur, pendant lesquelles Genève vit s'accroître, notablement, la prospérité que lui procuraient le développement des arts, les bienfaits des sciences et l'extension du commerce.

C'est à la suite de cette période, la plus brillante, la plus florissante et la plus édifiante de l'ancienne République, que l'on vit la philosophie et la littérature faire de grands progrès, et l'illustre J. J. ROUSSEAU en tenir le sceptre.

Un acte arbitraire du Petit-Conseil troubla enfin la tranquillité et le bonheur, en 1762 : l'*Emile* et *le Contrat social*, chefs-d'œuvre du géant de la philosophie moderne, furent brûlés publiquement par la main du bourreau, comme attentatoires aux dogmes religieux et à la base de tous les Gouvernemens, et l'auteur fut décrété de prise de corps. Cette sentence parut d'une irrégularité choquante : Rousseau était absent; les tribunaux français avaient déjà sévi contre lui; ses œuvres avaient été imprimées en Hollande et non à Genève; enfin, on avait violé les formes prescrites par les Ordonnances ecclésiastiques, à l'égard de ceux qui attaquent la religion dans leurs écrits.

Les représentations des Citoyens, auprès des Conseils, demeurèrent sans résultat, et il leur fut impossible d'obtenir la révision de son jugement. Ainsi débuta l'ingratitude de sa patrie, envers celui qui fit rejaillir sur elle tant d'honneur, et à qui elle aurait dû décerner une couronne civique, et élever des statues, au lieu d'un bûcher à ses œuvres immortelles.

IIIme FRAGMENT.

Dans le même temps, le prince des littérateurs spirituels, le célèbre Voltaire, habitait une campagne aux environs de Genève, pour être plus à la portée de son médecin, Tronchin, qui se fit une réputation Européenne. Voltaire y composa plusieurs de ses ouvrages, et contribua beaucoup à attirer, dans notre ville, d'illustres étrangers, qui s'empressaient de venir visiter et admirer *le philosophe de Fernex*.

Heureux ! s'ils n'eussent trouvé, en lui, que l'homme d'esprit, l'aimable et facile poète, l'agréable et peut-être inimitable écrivain, et surtout le philantrope protecteur, l'honorable bienfaiteur des victimes du fanatisme et des persécutions despotiques ! Mais ils puisèrent à son école des principes désorganisateurs de la Société : les abus de la religion et du pouvoir l'exaltant, l'engagèrent à saper les bases de la morale et de l'ordre social ; méprise fatale, qui compensa largement le bien qu'il fit.

Si Voltaire contribua à éclairer l'Univers, il dépassa le but, et fit la grande faute de détruire, en les tournant en ridicule, par l'abus de son esprit, les dogmes les plus respectables de la religion et les principes moraux les plus salutaires , sans rien mettre à leur place. Il ne fit point voir, dans ses ironies destructives, où il fallait s'arrêter, et quels principes religieux et politiques l'homme éclairé devait adopter. Bientôt éclata la Révolution , pendant laquelle on mit en pratique ses fatales leçons.

Notre grand Rousseau, qui brillait à la même époque, fut plus sage et plus prévoyant : il ne détruisit point l'édifice social ; mais, le voyant s'écrouler, il le réorganisa en théorie, en donnant à l'homme un double fanal, pour recréer ses institutions politiques et rentrer lui-même dans toute sa dignité primitive, au moyen d'une éducation libérale. Si des peuples corrompus et des hommes pervers voulurent mettre en pratique le *Contrat social et l'Emile*, qui ne sont faits que pour l'homme sortant des mains de la nature, c'est-à-dire, supposé vertueux, il est aisé de comprendre pourquoi, bientôt désabusés, ils préférèrent se montrer les disciples de Voltaire, qui ne leur imposait aucun joug, donnait un libre essor à la manie révolutionnaire de tout détruire avant de rien réédifier solidement, favorisait l'athéisme en ridiculisant les Saintes-Ecritures et en portant avec cette arme, dangereuse pour le vulgaire, de graves atteintes à leur authenticité.

IV.ᵐᵉ FRAGMENT.

Si les théologiens , les jurisconsultes, les hommes d'Etat et les savans brillèrent, avec plus d'éclat encore, dans le dix-huitième siècle, que dans les précédens, la philosophie et la littérature s'élevèrent , à Genève, sous l'influence de J. J. Rousseau, au plus haut degré de prospérité, et, depuis lui, elles n'ont cessé de répandre des flots de lumière sur toute l'Europe. Necker, De Saussure, Le Sage, Bonnet, De Lolme, Mallet-du-Pan, P.-H. Mallet, Senebier, Th. Bourrit, Ch. Pictet, les Staël et MM. Prévost, De Luc, De Sismondi, Lullin de Châteauvieux, Bonstetten, Huber, Dumont, De Sellon, Simond, Vernes, Hess, Picot, J.-L. et G. Mallet, Manget, Humbert, Ad. Pictet, Roget, etc., sont certainement des philosophes ou des littérateurs d'un mérite très-distingué.

« En examinant les ouvrages des auteurs gene-
« vois, dit Mr. Picot (*Histoire de Genève*), on
« est frappé de la douce philosophie qui y règne ;
« presque partout ils respirent une morale chré-
« tienne extrêmement pure, et ne sont point désho-
« norés par ces théories dangereuses, qui impri-
« ment une tache funeste sur les écrits de tant de
« soi-disant philosophes. »

Vme FRAGMENT.

L'on a attribué la Révolution française à l'in-fluence des philosophes *encyclopédistes*, à Vol-taire, à Rousseau et à la décrépitude de la mo-narchie.

Les premiers établirent des théories dangereuses pour des peuples corrompus, et l'état de la France fut certainement un terrain bien préparé pour en faire un funeste essai ; mais la véritable cause fut l'athéisme, la démoralisation générale et la légéreté du caractère national ; si ces défauts n'eussent été profondément enracinés, jamais la Révolution n'eût fait d'aussi funestes progrès, jamais l'on ne se fût porté à d'aussi coupables excès. L'esprit religieux, les vertus patriotiques et des principes solides auraient bien vîte réédifié l'édifice social tombant en ruines , et présenté une barrière insurmontable au crime , qui n'eût point marché tête levée, s'il n'avait pas trouvé autour de lui des complices passifs, dans la dégradation presque générale des Citoyens.

Les philosophes encyclopédistes et Voltaire, leur chef , propagèrent l'athéisme , sans être tous de bonne foi; mais Rousseau ne fut point athée : le *Vicaire savoyard* est là pour témoin irrécusable.

Aucun philosophe de cette époque , au contraire, n'a été plus pénétré des inspirations de la religion naturelle, et des dogmes de la Révélation fondés sur l'existence de Dieu , l'immortalité de l'ame, la vie à venir et la nécessité des vertus morales; mais, comme tous les hommes éclairés, il n'eut point une foi absolue et aveugle dans tout ce qui est contraire aux lois de la nature, et porte le cachet de la coopération humaine. Certainement ce n'est pas là de l'athéisme.

Rousseau regardant comme défectueux les systêmes religieux et politiques qu'il trouva établis, en créa théoriquement de nouveaux, qui lui parurent fondés sur l'étude de la nature et de l'homme; mais sans chercher à les faire prévaloir : on ne peut donc l'accuser, ni le rendre responsable, car ce n'est que celui qui fait un mauvais usage d'un instrument utile, quoique dangereux si l'on ne sait pas s'en servir ou si l'on veut en abuser, qui devient coupable. Enfin, dans plusieurs passages de ses ouvrages, il se déclare hautement l'ennemi des révolutions et témoigne une vive horreur pour l'effusion du sang.

VIme FRAGMENT.

J. J. ROUSSEAU que l'on accuse si gratuitement d'avoir été l'un des provocateurs de la Révolution française, était au contraire le philosophe le moins partisan de toute secousse, de toute violence. Dans sa *Dédicace à la République de Genève*, il dit : « Je n'aurais point voulu habiter une république de nouvelle institution, quelques bonnes lois qu'elle pût avoir, de peur que le Gouvernement, autrement constitué peut-être qu'il ne faudrait pour le moment, ne convenant pas aux nouveaux Citoyens, ou les Citoyens au nouveau Gouvernement, l'Etat ne fût sujet à être ébranlé et détruit presque dès sa naissance. Car il en est de la liberté comme de ces alimens solides et succulens, ou de ces vins généreux, propres à nourrir et à fortifier les tempéramens robustes qui en ont l'habitude, mais qui accablent, ruinent et enivrent les faibles et délicats qui n'y sont point faits. Les peuples une fois accoutumés à des maîtres, ne sont plus en état de s'en passer. S'ils tentent de secouer le joug, ils s'éloignent d'autant plus de la liberté, que, prenant pour elle une licence effrénée qui lui est opposée, leurs révolutions les livrent presque toujours à des séductions qui ne font qu'aggraver leurs chaînes. Le peuple romain lui-même, ce modèle de tous les peuples libres, ne fut point en état de se gouverner en sortant de l'oppression des Tarquins. Avili par l'esclavage et les travaux ignominieux qu'ils lui avaient imposés, ce n'était d'abord qu'une stupide populace qu'il fallut ménager et gouverner avec sagesse, afin que s'accoutumant peu à peu à respirer l'air salutaire de la liberté, ces ames énervées ou plutôt abruties sous la tyrannie, acquissent par degrés cette sévérité de mœurs et cette fierté de courage, qui en firent ensuite le plus respectable des peuples. »

« Je ris de ces peuples avilis, dit-il ailleurs, qui, se
« laissant ameuter par des ligueurs, osent parler de
« liberté sans même en avoir l'idée ; et qui, le
« cœur plein de tous les vices des esclaves, s'ima-
« ginent que pour être libres, il suffit d'être des
« mutins. » (*Gouvernement de Pologne;* Ch. VI.)

N'était-ce pas faire d'avance le procès de la Révolution française et prédire avec la plus haute sagacité ses fruits amers.

Dans un autre passage de ses écrits il affirme que l'effusion du sang est toujours condamnable, et qu'à ce prix il faut renoncer à toute innovation dans l'État.

« En méditant les principes de la morale et les leçons de l'histoire, dit un auteur, nous verrons jaillir deux utiles vérités, dont Jean-Jacques fut fortement pénétré.

« Lorsque par sa corruption ou par la trop vaste étendue et puissance de l'État, un peuple perd sa liberté, *il la perd pour jamais.* Quels que soient ses efforts, il ne peut détruire la tyrannie, n'en pouvant détruire la cause. Toute révolution chez un tel peuple, n'établira point la liberté, mais une anarchie temporaire : l'ordre naturel et éternel des choses reprenant son empire, le remettra nécessairement dans la position où il se trouvait avant cet inutile bouleversement.

« La Révolution française apprendra aux générarations les plus reculées, que la liberté n'est et ne fut jamais que la juste et digne récompense de la vertu et des bonnes mœurs ; et que jamais on n'abandonne le pouvoir à la multitude, et on ne l'arme sans être entraîné avec elle dans les plus honteux excès, et dans un abîme sans fond de maux et de crimes. »

VII.me FRAGMENT.

Les deux écoles philosophiques dont Voltaire et Rousseau furent les chefs, eurent en tout des principes opposés et contraires, qui prirent leur source dans la nature opposée des sciences qu'elles eurent pour objet.

L'une rechercha, approfondit, perfectionna, étendit les vérités physiques, les connaissances utiles à la conservation, à la santé, à l'aisance, aux plaisirs du corps : *jucundè ducere vitam* fut son but ; l'autre, les vérités morales, les connaissances propres au développement de la partie divine de l'homme ; à lui donner un noble essor vers les sentimens grands et généreux : ce vol élevé, sublime, vers le vrai, le juste et le beau. *Vitam impedere vero* fut la devise de son chef.

Une bonne mémoire, une intelligence médiocre et un travail opiniâtre conduisent nécessairement à la découverte des vérités physiques. Des esprits simples, mais profonds et réfléchis peuvent seuls découvrir et montrer aux hommes les vérités morales : le Créateur en traça les éternels et lumineux principes, dans le cœur de tout homme droit et bien né.

Fixant sans cesse notre attention sur des objets arides et purement matériels, la physique éteint, étouffe dans l'homme, la partie essentiellement pensante ; ne concevant d'existence, de certitude, que dans la matière, elle ne voit que doute, incertitude, chimère, dans les objets moraux les plus certains, les plus importans. Les découvertes des physiciens, portant quelque atteinte au texte des Saintes-Écritures, discréditent la religion dans l'esprit de la multitude incapable de s'élever à la sublime contemplation de l'Être des êtres ; mais l'immortalité de l'ame est palpable à ceux qui, tels que Socrate et Rousseau, ont fait de l'homme moral, une profonde et philosophique étude. Les physiciens *exclusifs*, quoique religieux et bien intentionnés, cherchant dans la matière un être immatériel, tombent si ce n'est dans l'athéisme au moins dans le matérialisme : tel fut le sort de l'école encyclopédique ; en attaquant la religion à demi renversée, elle augmenta la démoralisation, déjà effrayante.

Voltaire et Rousseau eurent en tout des principes et un caractère opposés. L'un, courtisan, souple, adroit ; toujours ami des princes et des grands ; flattant les passions et les vices à la mode ; écrivant avec agrément, facilité ; maniant avec habileté l'arme du ridicule, eut sur le caractère de sa nation, de son siècle et de la génération actuelle, une sinistre et profonde influence. L'autre se tint toujours dans une fière et noble indépendance, attaqua avec force les erreurs et les vices les plus chers à ses contemporains avilis.

L'un fut le plus grand poète qu'ait enfanté la France; mais, malgré ses prétentions à l'universalité, ne fut ni philosophe, ni politique. L'autre ne fut point poète, mais le plus grand législateur de son siècle, et, dans tout ce qu'il écrivit, écrivain grave et profond.

Tels furent les deux grands hommes que l'aveugle multitude place au même rang.

Les principes que propagea Voltaire sont essentiellement corrupteurs et destructeurs de l'ordre social : ils renversent la religion et propagent des maximes licencieuses, favorables à l'abus du pouvoir, aux passions et trop souvent aux vices. Ses écrits spirituels, mais dénués de pensées et de substance, plaisent généralement, excepté aux esprits droits et profonds ; car jamais Voltaire ne fit penser un penseur. L'arme du ridicule, toute puissante sur des esprits dépravés ou irréfléchis, fut la cause de ses prodigieux et déplorables succès.

Rousseau *fonda la politique sur la morale, et la morale sur la religion ;* répandit des vraies et utiles lumières ; n'apprit point l'art de plaire au préjudice de la vérité, mais l'art, aussi nécessaire que sublime, de rendre les peuples libres et heureux.

Lui seul, entre tous et contre tous, soutint la perfide et sourde guerre que lui firent les vils ennemis de la religion et des mœurs ; lui seul montra aux mortels étonnés toute la puissance de la pensée, toute la force de la vertu contre le vice ; lui seul , entre tous, fit entendre les fiers et mâles accens d'une ame libre et vertueuse. Avec quel respect ce grand homme parla de la divinité méconnue ! Avec quelle force il terrasse, il écrase le hideux athéisme !

En s'éclairant, les nations se guérissent du fanatisme ; jamais de l'impiété : ses profondes racines tiennent fortement aux mœurs des peuples corrompus. Le fanatisme peut être utile par le courage et la force d'ame qu'il donne à une nation ; par les moyens qu'il met dans les mains d'un habile législateur. L'impiété est une maladie incurable , même contagieuse, qui se termine toujours par la mort du corps politique.

Aussi tous ceux qui eurent la coupable ambition d'asservir leur patrie, s'efforcèrent-ils de propager une doctrine si favorable à leurs vues, tandis que les hommes vraiment libres et amis des peuples, défendirent toujours la religion.

C'est ainsi que César , opinant à la douceur, sur le sort des complices de Catilina , élevait des doutes sur une vie future. « . . . . . . Quant à leur châtiment, s'écriait-il à la tribune , disons la vérité ; dans le deuil, dans l'infortune, *la mort est le sommeil de nos peines et non pas un supplice*; elle emporte tous les maux des mortels ; au-delà il n'y a plus de chagrin ni de joie. » (Salluste ; *Conjuration de Catilina*, LI et LII).

Caton s'empressa de combattre des maximes qu'il savait bien être favorables au despotisme. « César, répondit-il, a disserté avec beaucoup d'art et d'éloquence sur la vie et sur la mort : il estime faux,

je crois, ce qu'on rapporte des enfers, que les mé-
chans séparés des bons, habitent des lieux sombres,
arides, infects, effroyables. Son avis est donc de
confisquer les biens des conjurés, et de garder leurs
personnes dans des villes municipales, etc. »

Il faut observer que ce sont les maximes de César,
qu'au-delà de la vie, il n'y a ni peines ni récom-
penses, etc., qui sont nuisibles à la Société, et non
l'abolition de la peine de mort, pour y substituer
d'autres peines *pénitentiaires* ; car il est nécessaire
et conséquent de punir ici-bas, corporellement et à
perpétuité, les criminels, qui, ne croyant pas à
l'éternité, regardent, avec César, la mort, comme
la délivrance de tous les maux des mortels. Il pro-
fessait le matérialisme pour sauver les conjurés ;
mais Caton sachant qu'ils échapperaient à toute
peine corporelle et conspireraient de nouveau si on
leur faisait grâce de la vie, opina pour la peine de
mort afin de sauver l'Etat. Le cas était extraordi-
naire et pressant, voilà pourquoi il y a une espèce
de contradiction entre les croyances de ces deux
illustres Romains et les peines qu'ils réclament :
César n'eût pas voté à la douceur, si une prison per-
pétuelle et assurée eût été leur perspective, ni Caton
à la mort, si un châtiment corporel et rigoureux
eût été possible et suffisant au salut de l'Etat.

L'opinion de César est cependant une preuve con-
cluante de l'inutilité de la peine de mort, pour punir
des criminels impies et qui ne croyent pas à la vie
à venir, comme c'est le cas où ils se trouvent tous,
sans quoi ils fussent restés innocens. Cette inutilité
nécessite son abolition, puisque, comme je l'ai dé-

montré dans les *Annales du Zoophilisme*, cette peine n'a jamais prévenu un seul crime et qu'au contraire elle les provoque : aucun scélérat n'est retenu par le supplice qu'ils se flattent tous d'éviter et qui, s'il les atteint, n'est plus considéré par eux que comme une délivrance des châtimens à perpétuité, sur la terre et dans l'éternité, qu'ils ont encourrus. En abolissant la peine de mort pour y substituer un châtiment viager, le matérialiste n'a plus l'espoir d'échapper ici-bas à des peines perpétuelles, et celui qui croit aux vérités religieuses sera doublement retenu par les peines temporelles et éternelles qui l'attendent.

Les dogmes religieux et l'appui que doit leur donner la législation, sont donc essentiellement avantageux aux peuples et leur seule ancre de salut. Sachons enfin mettre une salutaire concordance entre nos lois administratives et le Christianisme : soyons Chrétiens en tout et partout; c'est le seul moyen d'arriver promptement à une perfection morale, impiement regardée, jusqu'à présent, comme idéale.

L'opinion opposée de deux grands hommes, contraires en tout, de César qui détruisit dans sa patrie le gouvernement républicain, et de Caton, qui ne survécut point à cette destruction, est une preuve irréfragable de la vérité des principes que j'ai posés. Entre l'esprit qui animait *César* et la doctrine qu'enseigna *Voltaire*, entre l'austère et vertueux civisme qui brûlait dans la grande ame de *Caton*, et la morale que prêcha *Jean-Jacques*, l'analogie est frappante. Abhorrons donc, sous le rapport moral, César et Voltaire qui avilirent la dignité de l'homme et la religion, et élevons des statues à Caton et à Rousseau qui honorèrent à la fois l'esprit humain et l'Etre suprême.

Les écrits de l'auteur du *Contrat social* ont trop de profondeur pour des esprits superficiels et avilis. Rousseau, en montrant aux peuples leurs droits, leur montra aussi les devoirs et les mœurs, sans lesquels ils ne pouvaient les exercer. Mais les peuples voulurent être libres avec les ames serviles des courtisans. Le seul mal qu'il fit, fut donc de ne pouvoir être compris dans un siècle, en tout opposé à son ame pure et sensible.

Voltaire, au contraire, ne fut que trop bien compris: il eut pour sectateurs la presque totalité des Français : il en fut l'idole de son vivant et après sa mort. Rousseau, qui s'était exclusivement occupé du bonheur des peuples, en fut méprisé, même insulté en plusieurs occasions. Quelques ames fortes, quelques profonds penseurs furent ses disciples ; et, ce furent les seuls qui, dans le cours de la Révolution, tout en contribuant involontairement au mal qui s'y fit, eurent cependant des vues pures et dépouillées de tout intérêt personnel.

Mais, de tous ceux qui se dirent ses disciples, fort peu se nourrirent de sa sublime doctrine ; presque tous l'altérèrent et la souillèrent par l'impur mélange qu'ils en firent avec celle de Voltaire.

Aussi s'égarèrent-ils dans un labyrinthe d'où jamais ils ne purent sortir. Séduits par une philantropie, louable, sans doute, mais qui n'est fructueuse qu'appuyée sur la vertu et une profonde connaissance des hommes et des choses , ils crurent que pour rendre un peuple libre , il suffisait d'avilir, d'anéantir la royauté, au risque d'ensevelir sous ses ruines la société entière. Telle fut leur conduite pendant la Révolution. (*Extrait, en partie, d'un ouvrage inédit sur les causes de la Révolution.*)

VIII.me FRAGMENT.

La Révolution, calquée à Genève sur celle de la France, sedéclara sous d'assez sombres auspices ; les massacres qui ensanglantaient ce pays, en éloignèrent la majeure partie de la nation, qui les redoutait, non sans motifs. Les partisans les plus chauds de l'égalité absolue plantèrent des *arbres de liberté*, revêtirent le *bonnet rouge*, et, dès ce moment, gouvernèrent la République, d'après les principes politiques adoptés en France.

Alors, toutes les phases, toutes les innovations et une partie des excès de la Révolution Française fondirent comme un torrent sur Genève : elle eut une assemblée nationale, des clubs, des orateurs démagogues et des *sans-culottes*; des codes de liberté et d'égalité, des droits de l'homme et des déclarations d'indépendance et de vivre libre ou mourir, proclamés; des taxes exhorbitantes imposées sur toutes les fortunes; un tribunal *révolutionnaire*, des proscriptions et des pillages ; des *coups de nerfs de bœuf* distribués ; enfin, des fusillades et des victimes.

Après avoir transformé la promenade du Bastion bourgeois, en *Lycée de la patrie*, au milieu duquel on s'empressa d'élever, par décret légal du Conseil-Général, un monument de la reconnaissance nationale à J.-J. Rousseau, consistant dans une pyramide très-haute sur laquelle on avait placé son buste colossal, on décréta une fête annuelle en son honneur. Elle fut célébrée, pendant deux ou trois ans, avec l'appareil le plus pompeux que l'enthousiasme et l'esprit démagogique du temps purent inventer : il fut presque déifié.

IXme FRAGMENT.

M. le Professeur De Candolle, auteur d'un nouveau système de classification des végétaux et l'un des plus célèbres botanistes, a créé, en 1818 et 1819, un *Jardin des Plantes*, qui occupe une partie de l'ancienne promenade de marronniers du Bastion bourgeois. On a placé un jet d'eau, au milieu de ce jardin ; mais il n'est pas proportionné à l'étendue du local, qui lui donne un air mesquin, tandis qu'il eût été si facile d'agrandir son bassin et de faire jaillir l'eau à une hauteur convenable.

La pyramide, surmontée du buste de ROUSSEAU, qui était placée dans le lieu où se trouve actuellement le jet d'eau, et qui n'est point à regretter sous le rapport de l'art, a été démolie, et un nouveau buste, plus digne du grand homme et sculpté avec un noble désintéressement par le *Phydias genevois*, (M. Pradier, membre de l'Institut de France et l'un des meilleurs statuaires de l'époque actuelle) a été placé devant les serres du nouveau jardin, où il se trouve en compagnie de cinq autres bustes, qui représentent les plus célèbres naturalistes, nés à Genève. Par conséquent, il ne figure là qu'en sa qualité de botaniste.

Il est étonnant que Genève n'ait pas élevé, jusqu'à présent, à Rousseau, un monument plus colossal et plus en rapport avec ses véritables titres à l'immortalité. Les Genevois et les étrangers en sont également contristés et s'en plaignent hautement ; mais, comme on l'a vu, le courroux aristocratique, d'un côté, et la démence révolutionnaire, d'un autre, n'ont pas permis un juste milieu dans les hommages que sa patrie lui a décernés : *Il a été méconnu et, tour-à-tour, avili ou déifié.* Grand homme, il mérite l'admiration et l'hommage de ses Concitoyens, mais il ne fut pas un dieu , puisqu'il partagea les faiblesses humaines : il faut donc mettre une juste proportion dans nos hommages ; c'est le but qu'il s'agit d'atteindre.

On objecte qu'il n'a pas été élevé de statues aux Réformateurs et aux autres grands hommes nationaux. Tant pis, c'est une faute commise dans le temps; mais, le passé n'excuse pas le présent, et les circonstances où nous nous trouvons actuellement sont bien différentes. D'ailleurs, nous encouragerons ainsi les beaux-arts , que nous venons d'acclimater : puisque nous avons les matériaux, sachons nous en servir honorablement.

L'on a proposé d'élever un monument à Rousseau dans l'*Ile des Barques* , au milieu du Rhône ; ce local serait en effet admirable, par sa situation près du quartier où il est né et en face de la rue qui porte son nom. Il réunirait l'avantage d'une situation analogue, par son isolement, aux lieux qu'il fréquentait avec prédilection pendant sa vie et à celle de son tombeau, dans l'*Ile des Peupliers* , à Ermenonville. On pourrait ajouter des peupliers à ceux qui existent déjà, cultiver des plantes rares autour de la statue et achever de donner un aspect *romantique* aux abords du monument. Le pont que l'on construit actuellement entre la Fusterie, l'Ile des Barques et le nouveau *quai des Berguès*, facilitera au public la fréquentation et l'aspect de l'Ile. Les étrangers qui arrivent par le lac, dans les bateaux à vapeur, en jouiront et mettront un vif intérêt à la visiter. De divers points des bords du lac et des coteaux environnans la vue plonge agréablement sur ce lieu.

Un autre emplacement qui serait très-convenable aussi, c'est celui de la place de Neuve que ce monument achèverait d'embellir; et, à laquelle il conviendra de donner le nom de *Place Rousseau*, si on y met sa statue, qui devra être un peu colossale et placée sur un massif de rochers élevés, adossés à la terrasse de M. le Comte de Sellon : ils seraient un emblême de l'immortalité de son nom.

L'on a aussi proposé d'élever ce monument sur la Treille ; à Bel-Air, entre les ponts ; au milieu de la place de St. Gervais ; au centre de l'allée des marronniers qui côtoye au midi le Jardin des Plantes. Tous ces endroits sont convenables : ce n'est point leur choix qui en retarde l'exécution ; mais bien, je le répète, *invidia edax et turpis frustrà aggressiones renovans.*

Au reste, si le Gouvernement refusait un local quelconque pour y placer la statue qu'il est indispensable d'élever à Jean-Jacques, je propose d'acquérir un terrain convenable, une maison située sur une place publique ; de la raser et d'y placer le monument entouré d'une grille en fer et d'un jardin : quoique propriété particulière, il aura tout l'effet de la publicité, au moins sous le rapport visuel.

Il est d'autant plus urgent de s'occuper sérieusement d'élever à Rousseau une statue, accompagnée d'emblêmes convenables, qu'on vient de démolir, l'année dernière, *sa maison*, qui était située dans la rue qui porte son nom. C'était un véritable monument public, un lieu de pélerinage pour les voyageurs. L'on a vu des étrangers contempler avec extase le marbre sur lequel on lisait, au-dessus de la porte d'entrée : *Ici naquit J.-J. Rousseau, le 4 Juillet* 1712 : mots simples et touchans qui, placés à l'extérieur de cette masure, en disaient autant et plus au cœur de l'homme *pensant et ami des progrès de l'esprit humain*, que le plus beau chef-d'œuvre de l'art.

Sous le rapport *industriel* même, c'est une grande faute d'avoir laissé disparaître un pareil monument de notre ville. Le Conseil Municipal, si nous avions une seule parcelle du génie de nos pères, de leur esprit national, ou s'il coulait encore une goutte de leur sang dans nos veines, aurait fait acquisition de cette *maison*, à tout prix, et au moyen d'une souscription, si cela était nécessaire. Il l'aurait fait embellir : placer sa statue et de beaux vases de fleurs rares dans le jardin contigu ; l'aurait orné d'emblêmes et fait entourer d'une belle grille dorée. Dans la maison, tout aurait rappelé Rousseau : son portrait peint par un grand maître ; des tableaux représentant les scènes de sa vie privée, si naïvement décrites dans les *Confessions* ; les meilleures gravures qui ont été faites à son sujet ou pour orner ses œuvres ; le manuscrit original et autographe de la *Nouvelle Héloïse* et celui des *Confessions*, que possèdent deux Concitoyens qui se seraient fait un honneur et un devoir de les céder ou déposer, y auraient été placés et exposés comme re-

liques à la vénération des pèlerins de la philosophie. Dans le cabinet d'horloger, qui existait à l'é-
tage supérieur, et auquel on aurait donné, avec élé-
gance, mais vérité, le caractère national et l'aspect
de ceux de cette profession qui alimente notre industrie indigène, on eût trouvé, à côté de l'assortiment
complet des outils de l'art, les œuvres de Plutarque,
de Tacite, d'Aristote, de Platon, de Montaigne, etc.
et la plus belle édition des siennes. On aurait cru
le voir, dans son jeune âge, nourrissant son ame et
charmant les travaux de son père, par la lecture de
ses auteurs favoris. Enfin, un concierge, homme de
lettres indigent, eût été placé pour la conservation du
local et servir de *cicerone :* l'on aurait ainsi ajouté
une bonne œuvre à un haut témoignage de reconnaissance patriotique. Le sort du concierge eût été assu-
ré et brillant : car, pas un étranger ne serait sorti de
la maison sans le gratifier largement. Ils seraient ac-
courus en foule à Genève, dans le seul but de visiter
ce lieu ; mais, nous n'avons plus le génie industriel
de nos ancêtres, ni des vues grandes et généreuses,
et nous laissons échapper nos plus précieux avan-
tages nationaux.

Je rends ici un juste hommage à l'honorable et
généreux patriotisme de M. Fazy-Pasteur, qui s'est
empressé d'acquérir la maison nouvellement bâtie sur
l'emplacement qu'occupait la *masure* de J.-J. Rousseau et d'y faire replacer l'inscription ; mais cette
belle maison n'est plus l'ancien et modeste berceau
du grand homme, et l'inscription devient un *contre-
sens :* non, Jean-Jacques ne naquit point dans cette
belle maison, mais dans une *humble masure :* aussi
n'inspire-t-elle plus rien au cœur des *Rousseauphiles*
et des philantropes.

Xme FRAGMENT.

Si le berceau de tous les grands hommes émeut et charme vivement nos cœurs, quelle impression profonde ne produisait pas, sur tous les êtres pensans, celui du plus grand philosophe, du plus *éminent penseur* des siècles modernes, *la modeste maison*, où naquit l'immortel génie qui a si puissamment reculé les bornes de l'intelligence humaine !

Henri de Navarre, grand-père maternel d'Henri IV, avait fait préparer à l'avance un berceau pour recevoir le *lion qu'enfanta sa brebis*, comme disait ce prince, oracle qui s'accomplit si bien. « Ce berceau, « dit M. de Jouy, (*Hermite en province;* tom. 1, « page 208) n'avait rien de commun avec ces ber- « ceaux, chefs-d'œuvre de l'art, où les enfans des rois « trouvent en naissant un sceptre pour hochet, et « reçoivent les premiers et les plus risibles homma- « ges ; celui d'Henri IV n'était autre chose que l'é- « caille d'une immense tortue, et c'est je crois le « *seul berceau dont il soit fait mention dans l'his-* « *toire. Je m'étonne que l'écaille de tortue où na-* « *quit Henri IV ne soit pas devenue le diamant* « *le plus précieux de la couronne de France, et* « *le berceau obligé de tous les héritiers pré-* « *somptifs.* »

De même que le berceau du grand Henri devrait être le monument le plus précieux aux Français, *la maison de Jean-Jaques aurait dû continuer d'être le plus bel ornement de la ville de Genève*, sa patrie, déjà illustre à tant de titres. Je témoignerai ici, hautement et librement, comme M. de Jouy, ma surprise

et mes regrets à cet égard : Oui ! le *berceau* de
ROUSSEAU , du plus grand des philosophes, comme
celui d'Henri IV , du plus grand des rois, devait
être conservé avec une espèce de culte ou du moins
avec une vénération nationale toute particulière, et
comme *monument public* du premier ordre.

Je le sais, cette *maison* était une propriété particulière ; elle occupait un terrain devenu précieux ;
et, comment espérer le sacrifice, à la vénération publique, d'une réédification lucrative, de la part d'un
simple Citoyen ? Aussi je ne reproche rien ici à cet
estimable compatriote , quoique son désintéressement , dans cette occasion , eût été mémorable ;
ce n'est pas même à l'autorité ni à l'élite de la nation , que j'adresse particulièrement mes regrets :
c'est à la masse de mes Concitoyens ; à tous les
grands cœurs ; à toutes les ames pensantes ; à toutes
les personnes , si nombreuses à Genève , qui ont
reçu quelque éducation ; quelque instruction littéraire , et chez qui l'amour du bien public , de la
gloire nationale , de tout ce qui peut honorer et
embellir notre cité , provoque habituellement les
plus grands sacrifices.

Il aurait été convenable de former une associa-
tion de souscripteurs , qui se seraient empressés de
faire chacun un don proportionné à leurs facultés
pécuniaires ou à l'esprit qui les aurait animés dans
cette circonstance , pour acheter cette maison , et
au besoin même, pour fournir une autre localité
avantageuse au propriétaire, pour y bâtir. En nous
préservant de tous reproches et de tous regrets à
cet égard, elle aurait fait une œuvre vraiment patriotique et honorable.

Ne subissant aucun changement que dans ses abords, embellie d'un jardin où l'on aurait placé sa statue au milieu des fleurs, entourée d'une grille dorée et, comme jadis, émouvant les cœurs par la seule magie de la simple inscription : *Ici naquit J.-J. Rousseau*, cette maison serait devenue un *véritable monument public*, un monument plus touchant et plus convenable que celui que nous élèverons à sa mémoire, quel qu'il soit, et qu'il n'est pas même sûr que nous élevions dans une place ou promenade publique, c'est-à-dire, sous la sanction administrative et au nom de la nation.

Sa *maison*, acquise par des souscripteurs, n'eût point laissé de doute ni de chance sur la décision de l'autorité, et la statue, quoique placée dans une propriété particulière, aurait produit le même effet qu'en public, puisque le local serait resté accessible à tous les Citoyens. Elle aurait, plus que jamais, été visitée par les étrangers ; elle aurait continué à être l'un des principaux ornemens de la ville, un objet de satisfaction pour les Citoyens, dont elle flattait l'amour-propre, et un hommage rendu au grand homme. Enfin, ce lieu aurait inspiré les poètes, édifié les sages, encouragé les jeunes étudians, entretenu le zèle pour la philosophie, le goût de la littérature, et l'émulation pour les progrès de l'esprit humain.

Si, à Genève, la souscription n'eût pas été suffisante, le plus léger appel fait dans l'étranger, à Paris, en Angleterre surtout, où l'on sait apprécier notre grand Concitoyen à sa juste valeur, aurait produit au-delà du nécessaire, quelle qu'eût été l'exigeance du propriétaire, que je me garde bien de présumer.

Mais , dira-t-on , cette *maison* n'était qu'une masure , et la nation manifeste, depuis long-temps , l'intention d'élever à Jean-Jaques un *monument public* , digne de lui par ses dimensions , le lieu où il sera placé , le talent de l'artiste à qui l'exécution en sera confiée, le luxe de son architecture et l'ensemble de ses décors. Cela est vrai ; mais *la masure existait*, et votre monument n'est qu'un projet , peut-être , comme dédié au nom de la nation , *un vain projet* ! . . . . .

Quel peu d'accord d'opinion et de volonté n'existe-t-il pas , en effet, entre les Genevois , sur le choix de la localité , et , ce qui ne nous honore point, quoique ce soit en faible minorité , sur la convenance elle-même d'élever ce monument ? Les Conseils, eux-mêmes, se prononceront-ils favorablement ? Qui nous le garantit , je le répète ? Quoique présumable , est-il *certain* que la générosité du Gouvernement ira jusqu'à oublier et faire oublier, par ce moyen , le bûcher que les Magistrats genevois firent jadis dresser au *Contrat social* et à l'*Emile* ?

Pour moi , je le répète, j'aurais préféré à l'incertitude de l'événement et aux risques des contradictions, qui ne pouvaient manquer de s'élever , c'est-à-dire , sous tous les rapports, *la masure existante*. C'était un monument imprescriptible : qui ne sait qu'un tiens vaut mieux que deux , trois , dix tu l'auras ? . . . .

Je ferai de plus observer à ceux qui attendent le monument public , en remplacement de la masure , *vraiment monumentale* , de J.-J. Rousseau , que c'est presque toujours la vanité qui se charge de décorer la grandeur et que, dans bien des cas, elle la fait évanouir. Cela n'est pas à craindre, il est vrai, pour Rousseau ; mais, pourquoi avons-nous dédaigné, dans cette grande occasion, l'art de faire naître les vertus les unes des autres, cette puissance attachée aux signes qui parlent aux yeux et qui réveillent de nobles souvenirs, ces associations touchantes de tout ce qu'il y a de simple avec tout ce qu'il y a de grand, qu'aurait réunis la maison de Rousseau, en la décorant comme je l'ai indiqué ?

Hélas ! l'homme sera donc toujours conséquent avec ses viles passions et fera chorus avec ceux qui les flattent : il ira admirer, à Fernèx, *le château* et la chambre de Voltaire, de cet élève de la Société, qui, dans un siècle corrompu, rapporta tout à notre séjour sur la terre, c'est-à-dire, à la matière et aux jouissances passagères des mortels ; et, il ne pourra plus jeter un simple regard, en passant, sur *la masure* de Rousseau, de cet élève de la Nature, qui fit tout pour l'homme immortel, qui ne chercha qu'à développer ses facultés spirituelles et à favoriser le louable essor de ses qualités morales. Mais non, je m'abuse, les choses resteront dans leur ordre naturel : les disciples de la secte encyclopédique auront toujours un souvenir *matériel* de leur chef, dont l'ombre pâlit dans ce siècle, et ceux de Rousseau n'en auront plus qu'un *immatériel*, son immortel génie, planant à jamais sur l'Univers.

XIme FRAGMENT.

Elle n'existe plus la véritable maison ou *la masure* dans laquelle naquit ROUSSEAU ! C'est donc désormais avec les yeux de l'esprit, et non avec ceux du corps, qu'il faut l'envisager.

Nos corps sont les maisons où naissent, se développent et résident nos esprits, c'est-à-dire, les diverses facultés spirituelles qui émanent de nos ames immortelles, de même que les maisons ou domiciles terrestres sont les lieux où naissent, s'accroissent, résident et agissent nos corps mortels. Nos domiciles terrestres survivent à nos corps comme nos ames; mais, le temps, les accidens, les vicissitudes terrestres finissent par détruire les édifices, et ce n'est point en eux que nous devons trouver des souvenirs immortels des grands hommes: c'est dans les fruits de leur génie. Peu importe donc au fond, quant à eux, la destruction plus ou moins tardive des monumens, statues, édifices qui les rappellent temporairement et physiquement à notre mémoire; cependant il faut au commun des hommes des objets matériels pour entretenir des souvenirs et émouvoir les cœurs: or, quelle impression profonde ne produisait-elle pas, généralement, *la maison* où naquit le sublime génie qui a si éminemment reculé les bornes de l'intelligence humaine? Puisqu'elle n'existe plus, hâtons-nous donc d'élever un nouveau monument, pour frapper les yeux du vulgaire, perpétuer dans son esprit la mémoire de Jean-Jaques et satisfaire la reconnaissance nationale. Nous nous laverons ainsi, quoique tardivement, de l'amère accusation d'ingratitude.

XIIme FRAGMENT.

On a fort discuté pour éclaircir la question de

savoir si **J.-J. Rousseau** n'est pas né à la Grand'-rue, dans une vieille maison, aussi depuis longtemps reconstruite, qui se trouvait près du magasin actuel de papier de M. Wessel ; c'est une opinion qui existe par des traditions et qui prévaut chez plusieurs personnes. Selon cette version, sa mère, surprise en visite chez Mme Bernard, sa sœur, par les douleurs de l'enfantement, aurait accouché hors du domicile conjugal. Il est certain que Jean-Jaques fut baptisé, six jours après sa naissance, dans le temple de St. Pierre ; or, il n'est pas plausible de croire que, sans un motif particulier, il eût été baptisé hors de sa paroisse : ce n'était pas alors l'usage.

Il est fort oiseux de mettre trop d'importance à éclaircir ce fait ; il suffit, en effet, qu'il soit constant que son père a demeuré dans la maison démolie, qui était située dans la rue qui porte le nom de J.-J. Rousseau ; qu'il y a passé son enfance et sa première jeunesse, et qu'elle était un monument vénérable, consacré à son souvenir, par l'autorité et la sanction publique, *pour qu'elle fût respectueusement conservée intacte.* Sa démolition serait même une espèce d'injure faite à la mémoire du *Citoyen de Genève,* si elle pouvait être obscurcie par aucun événement dépendant des caprices humains ; mais, il importe à la nation, en remplaçant ce monument par celui qui est projeté, d'effacer jusqu'à la moindre trace d'un pareil reproche.

XIIIme FRAGMENT.

L'Histoire littéraire de Genève, par Senebier,

est, sans doute, un livre fort connu et fort estimé ; cependant, qu'il me soit permis de reprocher à Senebier, malgré tout le mérite de son ouvrage, d'avoir méconnu le plus beau fleuron de sa couronne littéraire, celui qui devait le plus fixer son attention et mériter ses éloges. Oui ! disons-le franchement, l'article qui concerne J.-J. ROUSSEAU est *indigne* du reste de cette histoire.

Partageant les préventions qu'une classe de Citoyens avaient conçu, avant la Révolution, contre leur illustre Concitoyen ; celles des Magistrats qui avaient livré aux flammes infamantes ses chefs-d'œuvre, parce qu'ils crurent y voir l'ébranlement prémédité de leur autorité et celui du Christianisme, non-seulement il méconnaît l'éminence de son génie, ose dire que le *Contrat social* est une absurdité et le traite fort légèrement ; mais on le voit rendre à regret quelque justice à ses talens littéraires. Passe pour être injuste sur ses opinions ; mais ne pas proclamer Rousseau, le modèle et le plus admirable des écrivains, et bien plus avoir l'air de lui faire grâce, s'il n'en dit pas beaucoup de mal : certes, quelle injustice et quelle tache dans l'*Histoire littéraire* de sa Patrie ! Si jamais le proverbe, *nul n'est prophète dans son pays*, fût vrai, c'est bien dans cette occasion.

Il y a eu visiblement de l'animosité dans le jugement que Senebier porte sur Rousseau ; en voici la preuve : « Il y a beaucoup d'erreurs, dit M. Musset-Pathay (*Vie de J.-J. Rousseau*, Tome II, p. 306), dans son *jugement* sur l'auteur d'Emile. En 1800, j'allai voir Senebier, dans mon voyage en Italie, et je fus étonné du ton qu'il prit pour me dire que *les Français aimaient beaucoup plus Rousseau que les Genevois*. Il y avait dans son ton quelque chose d'aigre, du persiflage, je ne sais quoi d'un homme piqué, et qui me fit d'autant plus d'impression que Senebier avait beaucoup de douceur et d'aménité dans les manières. »

Au reste, n'importe, que l'*Histoire littéraire de Genève* ne lui rende pas l'hommage et la justice qui lui sont dûs; que les Genevois aient laissé, sans scrupules et sans remords, démolir la *maison* où il naquit; qu'on lui refuse, en réparation de cette injure à sa mémoire et en remplacement de celui que le Conseil-Général lui avait consacré dans le Bastion bourgeois, un *monument national* placé dans un lieu public, il n'en sera pas moins, dans tout l'Univers et jusqu'à mille générations, l'*immortel Rousseau*, le prince des philosophes, le plus parfait des littérateurs modernes ! J'en suis seulement fâché pour la mémoire de mon compatriote Senebier et pour l'honneur de tous ceux qui pensent comme lui ou qui seraient tentés de l'imiter; car ce sont autant de pots de terre qui vont se briser contre le pot de fer : *immotus et maximus in secula stabit !*

Oui ! le nom de Rousseau bravera les attaques de l'envie; le pédantisme scholastique; l'injustice et l'ingratitude de ceux de ses Concitoyens qui dévouèrent *jadis* ses œuvres aux flammes infamantes, et de ceux qui sont *aujourd'hui* dans l'opinion qu'ils ne lui doivent rien, qu'il n'a rien fait pour sa Patrie; l'épreuve du cours du temps; la défaveur des Gouvernemens; l'intolérance du Clergé; l'orgueil dédaigneux des grands et l'indifférence d'une partie du genre humain.

www.ingramcontent.com/pod-product-compliance
Ingram Content Group UK Ltd.
Pitfield, Milton Keynes, MK11 3LW, UK
UKHW021644090726
13657UKWH00004B/1744